산사음악회
(사찰의 불교 행사)

月山 강승규

月山 강승규

한국사진작가협회 회원
한국불교사진협회 회장 역임

저서 『산사음악회 개인전 사진집(비매품)』
　　『다비식(2022. 해드림출판사)』
　　『다비식 사진집 흑백 종합편(2022. 해드림출판사)』
　　『다비식사진집 Ⅱ 해인사편(2022. 해드림출판사)』

산사음악회

초판 1쇄 인쇄 | 2024년 12월 31일
지은이 | 월산 강승규
펴낸이 | 이재욱(필명:이승훈)
펴낸곳 | 해드림출판사
주　소 | 서울 영등포구 경인로82길 3-4(문래동1가 39)
　　　　센터플러스빌딩 1004호(우편07371)
전 화 | 02-2612-5552
팩 스 | 02-2688-5568
E-mail | jlee5059@hanmail.net

등록번호　제2013-000076
등록일자　2008년 9월 29일

ISBN　979-11-5634-612-8

산사음악회

(사찰의 불교행사)

月山 강승규 사진

해드림출판사

머리말

예전에는 사찰하면 으레 경건함과 고요함이 깃든 호젓한 산길을 생각했다. 어렸을 적 할아버지 손을 잡고 찾은 절간의 무서웠던 사천왕상의 추억과도 같다. 어릴 적 무서움도 추억도 오솔길 따라 찾아가던 산길도 이제는 많이 변했다. 산등성이의 암자까지 아스팔트로 포장되고 작은 암자에서 음악회를 개최할 정도로 편리해졌다. 또한 시대의 변화에 따라 이제는 산사에서도 일반인들이 가까이 접근하지 못했던 아름다운 선율 속에 승무와 바라춤과 발레도, 또 타 종교인 천주교와 기독교 합창단도 볼 수 있다.

불교의 행사 용어 중에는 야단법석이라는 말이 있다. 야외에 차례단을 쌓고 법문을 펼치는 자리를 만들어 사부대중이 함께하는 곳이다. 문제는 적정 인원이 적당히 모여 함께 즐기면 좋을 법한데 좁은 산골의 경사진 비탈에 너무나 많은 관중이 모여 안전사고를 걱정하게 만드는 것이다. 사찰의 규모에 따라 다르지만 그동안 필자가 전국의 사찰을 찾아다니며 촬영했던 사찰의 야단법석 모임에서 항상 조바심을 갖게 하는 문제점이다.

사찰에서의 행사는 주로 스님들의 법문과 함께 음악회와 무용도 공연하는데, 사찰이 도심에서 멀리 떨어진 한적한 산골이다 보니 수용인원도 한계가 있고, 교통문제, 점심·저녁 공양 문제, 화장실 문제, 적정인원 관리 등 준비해야 할 문제가 산적해 있다. 이러한 사찰의 행사에서 빠지지 않는 것이 철새정치인들도 한몫해서 마이크도 잡고 카메라 세례도 받아봐야 직성이 풀리는 것도 눈살을 찌푸리게 하는 원인이며 행사를 지연시키는 요소가 된다. 또한, 준비해야 할 문제도 크지만 소요되는 경비도 만만찮아 수천만 원에서 억대를 크게 상회한다.

언젠가 산사음악회 촬영차 관광지 인근에 있는 사찰을 방문해 촬영하다가 해당 시 문화관광과 직원과 한참 동안 얘기를 나누었는데, 이번 음악회 예산이 1억 몇천만 원인데 시에서 보조금을 4천만 원을 보조해주었고 나머지는 지역 유지와 신도들의 시주금으로 부담했지만, 행사 담당 진행 분들이 예산 부족으로 고심 중이라는 말씀이었다. 이 얘기를 나눴던 시기가 어느덧 이십여 년이라는 세월이 흘렀다. 이러한 원인은 사찰이 있는 지역이 산골이라 문화 혜택이 부족한 지역민들이 사찰의 행사를 통해 텔레비전에서 보았던 탤런트들이나 가수들이 실제 출연해

부르는 노래에 목메는 것도 한 원인이다. 특히 유명가수들이나 탤런트들을 섭외해서 모셔올 때는 출연료가 높아 거금이 들어가고 산사음악회에 유명 방송국이나 지역 방송업체의 지원으로 협업이 이뤄지면 사진 촬영은 불가능해진다. 행사 사진의 촬영은 다큐멘터리 스냅사진이라 많은 제약이 따르고 관중들의 사이사이를 오가며 촬영 해야하지만 진행요원들의 통제도 피해야 하는 등 욕도 많이 얻어듣는 고역이 따른다. 사진집에 사진과 함께 설명문이 들어있지만 사진 촬영 금지, 이동금지, 미리 화장실을 다녀오도록 안내와 함께 수많은 안내요원이 관중들을 통제하는 데 혈안이다. 시장바닥의 경비요원과 흡사하게도 닮아 많이 진행해 보아서인지 일사불란하게 통제도 잘 한다. 방송국 측에서는 관중들의 안전이라고 떠들어대지만 실은 관중들은 안중에 없고 방송에 가장 그럴싸하게, 예쁘고, 멋있게 나오는 것에 초점이 맞추어져 있기 때문이다.

　반면에 소규모사찰에서는 지역의 가수들이나 국악인들을 모셔와 단출하게 음악회를 즐기는 요소가 되기도 한다. 이러한 원인은 산사음악회의 취지가 사찰의 신도들과 사찰 인근의 지역민들에게 도움을 주어 고마움의 뜻으로 진행하게 되었다는 것을 강조해야 하는데, 본래의 취지와는 다르게 해당 시도의 문화관광과에서는 지방사찰의 관광지화 및 활성화라는 명분으로 정치인들의 농간에 놀아나기 때문이다. 야단법석이 본래의 취지에 어긋나지 않은 지역민들을 위한 참다운 산사음악회가 되길 바랄 뿐이다.

　필자는 공모전에 별로 관심이 없어 초기 산사음악회 촬영했던 사진 중 공모전에 두어 점이 출품되었을 뿐 이후로 공모전에 출품했던 적이 없어 본 책의 사진들은 처음으로 발표되는 작품들인 점을 알려드립니다.

2024년(불기 2568년) 가을　　月山 강승규 합장

차례

머리말   4

강원도 편

양양 낙산사 21
    세종솔로이스츠 낙산사 연주회
    바이올리니스트 양지은 인사말
    낙산사 연주회 전경

원주 구룡사 23
    가야금 병창
    전자현악3중주
    빗속의 기독교 합창단
    경찰 악단의 연주와 하유 스님 춤

평창 월정사 26
    한강시원제 차례단 및 바라춤
    진신사리 이운식 1
    진신사리 이운식 2
    한강시원제 방생법회 의식
    한강시원제 유교제례 의식

홍천 백락사 30
    촛불 연등행사
    보살의 정성스러운 촛불 점등
    홍천 고교 악단의 타악기 공연

경기도 편

가평 감로사 34
    바라춤 예불
    신당 운구

남양주 봉인사 35
    사물놀이패 공연
    선무(이영빈 무용단) 1
    선무(이영빈 무용단) 2

양주 연화사 37
    이순화 한복 발표회 가수 권용욱
    궁중예복 한복 탤런트 이영후, 사미자
    궁중 한복
    궁중 한복
    궁중 한복
    기생 한복
    전통 한복
    전통 한복
    일반 한복 및 개량한복
    선무도
    어린이 한복
    어린이 한복 및 개량한복

양주 육지장사 44
    천상지연 관음보살

천상지연
부채춤 1
부채춤 2
부채춤 3
학춤
화관무 1
화관무 2
세종무용단 단원들

양주 지장사 51

돔형 법당과 장독대
점심공양
법당 안 점심공양 모습
축제의 꽃 사물놀이패

양주 회암사지 54

가야금 병창

양평 사나사 55

바라춤 예불
국사 추대의식 1
국사 추대의식 2
하유 스님 법고
천주교 합창단 합창

용인 와우정사 59

불두 앞 풍물패 공연 1

불두 앞 풍물패 공연 2
반가사유상 앞 풍물패 공연 3
대웅전 상량식

포천 도림사 63

스님의 바라춤과 승무
승무
어린이들의 손뼉 치기 놀이
어린이들 연등 탑돌이
어린이들 장고춤 탑돌이
어린이들 예불

화성 용주사 68

기독교 합창단 합창
승무

경상남도 편

고성 운흥사 72

대웅전 가는 연등 길
장독대 공양 준비
괘불설치 보물 1317호
괘불 설치 후 바라춤

남해 용문사 75

용문사 일주문

부처님께 예불
초등부 장원 판소리

남해 화방사 77
석불 위에서 바라본 음악회 모습
부처님께 예불 장면
천주교 합창단 합창
기독교 합창단 합창

양산 서운암 80
서운암 봄꽃음악회 공연장면
가족 봄나들이
관광객들 봄나들이

양산 통도사 82
올림픽 선전 기원 금강계단 탑돌이, 주지 정우 스님
올림픽 선전 기원 행진
금강계단에서 주지 스님의 법문
주지 스님과 불교신도 선수들 금강계단 탑돌이

하동 쌍계사 85
비구니 스님의 승무 1
비구니 스님의 승무 2
국악 판소리

함안 마애사 88
장독대와 관중들
음악회 공연과 구경온 관중들

합천 해인사 1 90
음악회 참석한 보살님들 1
음악회에 참석한 보살님들 2
장대비로 인해 중단된 음악회
쏟아지는 비를 피하는 노보살님의 불편한 모습

합천 해인사 2 93
대장경 이운 경로에 자원 참석한 불교신도들
대장경 이운 경로 출발 준비 중인 불교신도들
대장경 이운 경로 출발하는 모습
이동 중인 병사역의 신도들
이동 중인 스님들
이운 중인 신당과 스님들
이동 중인 스님들 행렬
이동 중 중간의 쉼터에서 휴식하는 스님들
대장경 운구 보살행렬
대웅전 앞 스님들과 보살님들 행렬
장경각 입구의 스님들 행렬
장경각 입구의 보살님들 행렬

합천 해인사 3 102
해인사 해탈문
김혜순 한복 발표회 단체사진
관음보살 한복
관음보살 한복
궁중예복 아나운서 이보희
궁중예복
궁중예복
궁중예복
기생한복 탤런트 이재은

기생한복과 한량복
생활한복 탤런트 강부자
생활한복
일반한복과 동자승복
일반한복

합천 해인사 4 110

공연 장면
북춤 공연
만다라 탑돌이
연등 탑돌이

경상북도 편

구미 대둔사 115

대웅전 부처님께 예불
부처님께 예불
다문화 가족 부채춤 1
다문화 가족 부채춤 2

봉화 청량사 118

청량사 다원에서 바라본 풍경
산사음악회 준비 중인 무대 모습
산사음악회 준비에 바쁜 청량사 전경
해가 진 후 시작된 음악회 야경
구석구석 경사진 곳에 빼곡히 들어선 관중들

영주 부석사 122

경판이운 경로
만다라 무한도 행진 1
만다라 무한도 행진 2
만다라 무한도 행진 이운경로
무량수전 자원봉사 보살님들 단체 사진
부석사의 석양 속의 가족들
산사음악회 승무 공연

의성 고운사 127

주지 스님 인사말
부처님께 예불

청도 유등제 129

바라춤 예불
청도천 연등 유등

대구광역시 편

대구 동화사 133

음악회 공연 전경
살풀이춤
살풀이춤
북춤
점심공양 기다리는 신도들

서울특별시 편

강남 봉은사 1 139
- 촛불연등과 가족
- 촛불연등과 어린이들
- 촛불연등과 어린이의 정성

강남 봉은사 2 141
- 대불 연등 전경
- 대불 연등 대불 후면

강남 봉은사 3 142
- 김치 버무리는 자원봉사
- 김치 포장하는 자원봉사
- 김치 버무리는 자원봉사
- 배추 씻는 자원봉사

강북 도선사 1 145
- 장독대와 예불보살 1
- 장독대와 예불보살 2

강북 도선사 2 146
- 도선사 해지기 전 연등 모습
- 도선사 해가 진후 연등 야경
- 주지 스님의 관욕
- 수녀님의 관욕 1
- 수녀님의 관욕 2
- 연등 속 예불기도
- 대웅전 앞 예물드리는 신도들

강북 화계사 151
- 김치 버무리는 봉사활동
- 배추 씻는 봉사활동
- 김치 버무리는 봉사활동
- 배추 씻는 봉사활동
- 김치 버무리는 봉사활동
- 땅속 항아리에 김치 저장

관악 관음사 154
- 풍물패의 사물놀이 1
- 풍물패의 사물놀이 2
- 풍물패의 사물놀이 3
- 무료경로잔치
- 야외잔치 전경

노원 기원사 157
- 문화재 지정 회주 지연 스님, 노원구청장
- 문화재 지정 탱화
- 합창단 합창
- 국악인 박애리, 임현빈 판소리

동대문 운동장 160
- 동자승 단기출가 첫나들이
- 동대문운동장 공연행사 1
- 동대문운동장 공연행사 2
- 동대문운동장 공연행사 3, 철거직전 마지막 행사
- 관욕예불 1
- 관욕예불 2

서대문 봉원사...164

    시제단 앞 바라춤

    시제단 앞 바라춤

    예불

    공양배식

    공양배식

    바라춤 예불

성북 심곡암 1...168

    현대무용

    부채춤(이영빈 무용단)

    경기민요 판소리와 하유 스님 춤사위

성북 심곡암 2...170

    꽃차 종류

    계단 위의 관중들

    다도 시연 1

    다도 시연 2

    선비의 다도 시연

    주지 스님의 서예 시연

영등포 여의도...173

    여의도 연등. 바지선에 10만 연등

    한강변으로 예인

    유람선이 지나가는 장면

종로 조계사 1...175

    연등 만들기

    장승 만들기

    종로대로 길거리 바라춤

종로 조계사 2...177

    삭발 2

    동자들 삭발 1

    삭발 3

    삭발 4, 잘 참아내는 동자

    삭발 5. 머리카락이 뜯겨 짜증난 동자와 당황한 스님

    삭발 6, 다시 시작한 삭발, 의젓하게 참는 모습

    삭발 7, 잘 참아낸 동자의 의젓한 모습

    삭발 8, 동자의 옷깃을 여며주는 스님

    삭발 9, 삭발이 모두 끝이 난 동자승들

    삭발 10, 종정 스님의 법문을 듣는 동자승들

    삭발 11, 조계종 종정 법전 스님의 수계를 받는 수계식

종로 조계사 3...183

    동자승 나들이 1

    동자승 나들이 2

종로 조계사 4...184

    총무원장 자승 스님외 일행들 행사장 이동장면

    행사장 도착 내빈들

    김장 행사, 대오 스님, 김현배 목사, SK 정만원 사장, 총무 원장 자승 스님, 김근상 주교.

    김장 행사, 김현배 목사, SK 정만원 사장, 총무원장 자승 스님, 김근상 주교, 김재열 신부

    김치 버무리는 자원봉사 보살님들

    김치 맛보라고 권하시는 보살님

세종특별자치시, 인천광역시 편

세종 비암사 190
- 백제대제 행사 전날 사찰의 연등 모습
- 괘불과 차례단 앞의 법고 치는 스님
- 괘불 앞에서 바라춤
- 백제대제 시작을 알리는 범종 타종
- 백제대제 시작을 알리는 비암사 전경

세종 영평사 1 193
- 법고 치는 노스님
- 노스님의 승무 춤사위
- 법고 치는 노스님
- 한국무용

세종 영평사 2 195
- 가곡 및 국악 연주
- 가야금 병창 연주
- 구절초축제 다문화 템플스테이 외국인들
- 구절초에 묻힌 공양간 옆 공양 모습
- 장독대 속에서 공양하는 모습

인천 강화전등사 198
- 처마 밑의 목각상
- 갑자기 쏟아진 빗줄기에 당황한 연주자들과 관중들

전라남도 편

강진 백련사 200
- 만덕산 위에서 바라본 백련사 전경, 일몰 직전 모습
- 산 위에서 바라본 백련사 공연 야경
- 음악회 공연 가수 이승기
- 만덕산 위에서 바라본 강진만 야경

구례 불락사 203
- 국악 판소리 공연

구례 사성암 204
- 대웅전 앞 연등
- 사성암 약사전 연등
- 사성암 약사전과 대웅전 앞 연등
- 약사전 오르는 계단

구례 화엄사 1 207
- 단풍 속의 연등법회, 일몰 직전 화엄사 전경
- 연등 불 밝히기 직전 각황전 앞
- 연등의 불을 밝힌 직후 사찰 전경
- 각황전과 대웅전 앞 연등을 밝힌 모습

구례 화엄사 2 210
- 영생음악회 전경

음악회 공연 장면
반대편에서 바라본 각황전 전경

보성 대원사 213
바라춤 예불
법고 치는 스님
연지못의 연등반영
연지문의 연등

순천 선암사 215
부도밭 다례재
부도밭 바라춤
부도밭 탑돌이 예불
부도밭 바라춤 예불
대웅전 앞 바라춤 예불
대웅전 앞 탑돌이 예불

순천 송광사 1 219
법당에서 강원으로 이동
법당에서 강원으로 이동

순천 송광사 2 220
법당에서 강원으로 이동
법당에서 강원으로 이동

여수 향일암 221
해수관음보살과 새해 일출 예불
사찰의 기와 시주 보살

영암 도갑사 222
도선국사 영정 이운
영정 이운 행렬
국사전 앞 바라춤 예불
사찰음식 강연, 선재 스님

함평 용천사 224
꽃무릇 속의 석불
죽어가는 고목에도 새로운 생명이
사찰 뒤편의 꽃무릇 군락지 전경

해남대흥사 1 226
국악 소고춤
악단 연주

해남 대흥사 2 227
서산국사 신당이운
서산국사 신당이운 행렬
국사전 앞의 서산대재 행사 1
국사전 앞의 서산대재 행사 2
청소년들 서예 대회

어린이들 글짓기 대회

어린이들 미술대회 1

어린이들 미술대회 2

해남 미황사 1 231

괘불 올리는 장면, 괘불 보물 1342호

괘불이 설치된 장면

괘불재 바라춤 예불

괘불재 바라춤 예불

노을 속의 연등 점화

해남 미황사 2 234

범종각 준공기념 예불 및 타종

괘불 올리는 장면, 괘불 보물 1342호

괘불 설치 후 예불 및 법문

행사 하루 전 연등 거는 작업

일몰 직전 달마산에서 바라본 사찰 전경

달마산에서 바라본 미황사 야경

해남미황사 3 238

행사당일 오전 일찍 사찰의 연등 전경

응진전에서 바라본 연등

노보살님들의 공양시간

공양간의 자원봉사 보살님들

대웅전에서 괘불을 꺼내는 장면

괘불을 메고 당간지주로 옮기는 순서

괘불을 메고 옮기는 거사들

당간지주 앞에 도착한 괘불

괘불을 설치 중인 거사들과 법고 치는 스님

괘불 설치 후의 법문과 예불

화순 개천사 243

잘 차려진 공양간과 어린애의 호기심

공양간의 자율배식

달마도 시연, 도원 안창호 서예가

살풀이춤(진혼곡) 이애숙 교수

살풀이춤(진혼곡) 이애숙 교수

화순 운주사 1 246

안개 속에 묻힌 운주사의 새벽녘

새벽녘에 법당을 찾은 보살님의 예불

와불 앞의 기도하는 신도보살

화순 운주사 2 248

떡메 치기

탑돌이 연등 행렬

칠층석탑과 연등

칠층석탑과 연등

전라북도 편

고창 선운사 1 252
- 빗속의 공연과 관중들
- 처마 끝에 떨어지는 낙수 줄기

고창 선운사 2 253
- 천상지연 관음무
- 빈틈 없이 빼곡히 들어선 관중들

고창 선운사 3 254
- 방송사측의 촬영금지로 선운산 수리봉에서 촬영한 공연 야경

고창 선운사 4 255
- 보은염 이운 과정 재현
- 보은염 이운 과정
- 사물놀이패들
- 사물놀이패들
- 사찰 앞에 도착한 보은염 소수레
- 주지 스님께 보은염 시주

김제 흥복사 258
- 한국무용 부채춤
- 국악 가야금 병창

부안 내소사 259
- 가야금 병창
- 공연 타악기 연주
- 관광객 조사당 앞 기념촬영
- 산 벚꽃이 만개한 내소사의 봄 야경
- 대금 연주, 무형문화재 이생강 국악인

충청남도 편

공주 갑사 264
- 영규대사 기일 추모제
- 추모 진혼곡 연주
- 예불
- 공연 가수 정훈희
- 공연 가수 김종환

공주 마곡사 1 267
- 연등 탑돌이 예불
- 관음무 연변대 무용과 교수 1
- 관음무 연변대 무용과 교수 2
- 유등 띄우기
- 야간 탑돌이 예불

공주 마곡사 2 270
- 합창단 찬불가 및 예불
- 참석한 스님들
- 발레, 충남대 조윤라 무용단
- 발레, 충남대 조윤라 무용단
- 부채춤, 인천전문대 이은주 무용단
- 승무, 인천전문대 이은주 무용단

공주 마곡사 3 273
- 김장 행사, 자원봉사 보살님들
- 행사로 잠시 대기상태인 모습
- 행사 경과보고 및 진행 과정
- 참석한 내빈들, 주호영 정무장관, 이완구 도지사, 주지 원혜 스님, 총무원장 자승 스님, 이준원 시장, 심대평 의원
- 자승 스님 이완구 도지사 김치 맛보이기
- 자승 스님 주호영 정무장관 김치 맛보이기
- 자승 스님과 주호영 장관 대화
- 자원봉사 김치 버무리는 보살님들

공주 마곡사 4 278
- 다문화가족 템플스테이 법고대회 참석
- 법고 대회 1
- 법고 대회 2
- 법고 대회 3
- 법고 대회 4
- 법고 대회 5
- 시주 기와에 불경 필사

금산 보광사 282
- 피아니스트 임동창, 비파 투샨씨앙 북경대 교수
- 피아니스트 임동창 연주
- 사쿠하치 연주, 일본 즉심회 주지, 야노시쿠
- 비파 연주, 북경대 교수 투샨씨앙
- 거문고 연주, 윤은자
- 판소리 명창 조주선, 임동창 피아노 반주

논산 관촉사 285
- 은진미륵불 앞 빗속의 공연
- 은진미륵불

서산 부석사 286
- 공양간 모습
- 민요열창, 태평가 등
- 선무, 이영빈 무용단
- 서광사 주지 도신 스님과 색즉시공팀

서산 서광사 288
- 진행자, 강수정
- 선무, 이영빈 무용단

천안 각원사 1 289
　　청동대불 야간조명
　　불교합창단 찬불가
　　공연 시작 범종 타종
　　범종각 쪽에서 바라본 공연 장면

천안 각원사 2 291
　　관욕차 대불로 향하는 보살님들
　　청동대불 예불
　　노보살의 정성
　　노보살님들 예불
　　보살님들 정성

천안 광덕사 294
　　남해용문사 주지, 성전 스님 책 사인회
　　사회 성전 스님, 가수 유지나
　　불교찬불가 합창단

천안 구룡사 296
　　공양간 모습
　　사경봉안 탑돌이 예불
　　많은 신도들 법문 예불 참석
　　법화경 사경

천안 은석사 298
　　대웅전 준공
　　달마도 시연 1, 정현 스님
　　달마도 시연 2, 정현 스님
　　달마도 시연 4, 완성된 모습
　　달마도 시연 3, 정현 스님

충청북도 편

괴산 흥천사 302
　　지장전 사물놀이패 공연
　　서예 시연, 리홍재 원장
　　비구니 스님 걸게 싯귀 감상

단양 광덕사 304
　　한산한 공연장 모습
　　서예 시연, 리홍재 원장
　　서예 시연, 리홍재 원장

보은 법주사 306
　　청동대불
　　스님들 음식 미리 맛보기
　　도토리묵 쌈밥
　　야채나물 튀김

메밀새싹 전병

진달래 부꾸미 재료준비

삼색토마토 만두

버스가 도착해 단체로 방문하는 신도들

영동 반야사 311

승무

승무, 열연 흔적

스님 바라춤, 열연 흔적

국악공연

영동 영국사 313

승무, 비로 인해 대웅전 내에서 공연

스님의 바라춤

빗속의 국악 판소리 공연

옥천 가산사 315

당산나무 차례, 유교 방식

살풀이춤(진혼곡) 유애숙 교수

살풀이춤(진혼곡) 유애숙 교수

옥천 대성사 317

범종각에서 부침개 요리

공연, 가수 임주리

청주 무심천 318

스님들 바라춤 예불

스님들 바라춤 예불

스님들 바라춤, 법고 예불

연등 정리하는 보살님

참석하신 내빈들

강원도 편

양양 낙산사

원주 구룡사

평창 월정사

홍천 백락사

양양 낙산사

대관령 수재민 위로음악회 : 2006. 8. 12.

세종솔로이스츠 낙산사 연주회

바이올리니스트 양지은 인사말

낙산사 연주회 전경

원주 구룡사

종교화합음악회 : 2006. 10. 22.

가야금 병창

전자현악3중주

빗속의 기독교 합창단

경찰 악단의 연주와 하유 스님 춤

평창 월정사

오대산 불교문화 축전 : 2006. 9. 30.

한강시원제 차례단 및 바라춤

진신사리 이운식 1 진신사리 이운식 2

한강시원제 방생법회 의식

한강시원제 유교제례 의식

홍천 백락사

깃발축제: 2006. 8. 26.

촛불 연등행사

보살의 정성스러운 촛불 점등

홍천 고교 악단의 타악기 공연

경기도 편

가평 감로사   남양주 봉인사

양주 연화사   양주 육지장사

양주 지장사   양주 회암사지

양평 사나사   용인 와우정사

포천 도림사   화성 용주사

가평 감로사

충담선사 열반 기제 : 2009. 6. 26.

바라춤 예불

신당 운구

남양주 봉인사

한길축제 : 2009. 11. 14.

사물놀이패 공연

선무(이영빈 무용단) 1

선무(이영빈 무용단) 2

양주 연화사

산사환상 문화축제 : 2010.5.1.

이순화 한복 발표회 가수 권용욱

궁중예복 한복 탤런트 이영후, 사미자

궁중 한복

궁중 한복

궁중 한복

기생 한복

전통 한복

전통 한복

일반 한복 및 개량한복

선무도

어린이 한복

어린이 한복 및 개량한복

양주 육지장사

재능 나눔예술(세종무용단) : 2006. 9. 16.

천상지연 관음보살

천상지연

부채춤 1

부채춤 2

부채춤 3

학춤

화관무 1

화관무 2

세종무용단 단원들

양주 지장사

호박축제 : 2009. 10. 25.

돔형 법당과 장독대

점심공양

법당 안 점심공양 모습

축제의 꽃 사물놀이패

양주 회암사지

폐사지 투어콘서트 : 2005. 10. 16.

가야금 병창

양평 사나사

태고보우국사 다례재 : 2005. 10. 23.

바라춤 예불

국사 추대의식 1

국사 추대의식 2   하유 스님 법고

천주교 합창단 합창

용인 와우정사

대웅전상량식 : 2009. 11. 22.

불두 앞 풍물패 공연 1

불두 앞 풍물패 공연 2

반가사유상 앞 풍물패 공연 3

대웅전 상량식

포천 도림사

어린이무용단 : 2004. 6. 27.

스님의 바라춤과 승무

승무

어린이들의 손뼉 치기 놀이

어린이들 연등 탑돌이

어린이들 장고춤 탑돌이

어린이들 예불

화성 용주사

승무제 : 2006. 9. 23.

기독교 합창단 합창

승무

경상남도 편

고성 운흥사   남해 용문사

남해 화방사   양산 서운암

양산 통도사   하동 쌍계사

함안 마애사   합천 해인사 1

합천 해인사 2   합천 해인사 3

합천 해인사 4

고성 운흥사

영산재 : 2009. 3. 29.

대웅전 가는 연등 길

장독대 공양 준비

괘불설치 보물 1317호

괘불 설치 후 바라춤

남해 용문사

산사음악회 : 2008. 8. 9

용문사 일주문

부처님께 예불

초등부 장원 판소리

남해 화방사

산사음악회 : 2006. 10. 14.

석불 위에서 바라본 음악회 모습

부처님께 예불 장면

천주교 합창단 합창

기독교 합창단 합창

양산 서운암

봄꽃축제 : 2005. 4. 23.

서운암 봄꽃음악회 공연장면

가족 봄나들이

관광객들 봄나들이

양산 통도사

올림픽선전 기원 : 2008. 5. 25.

올림픽 선전 기원 금강계단 탑돌이, 주지 정우 스님

올림픽 선전 기원 행진

금강계단에서 주지 스님의 법문

주지 스님과 불교신도 선수들 금강계단 탑돌이

하동 쌍계사

차문화 축제 : 2006. 5. 20.

비구니 스님의 승무 1

비구니 스님의 승무 2

국악 판소리

함안 마애사

산사음악회 : 2008. 7. 10.

장독대와 관중들

음악회 공연과 구경온 관중들

합천 해인사 1

비로자나데이 : 2006. 7. 29.

음악회 참석한 보살님들 1

음악회에 참석한 보살님들 2

장대비로 인해 중단된 음악회

쏟아지는 비를 피하는 노보살님의 불편한 모습

합천 해인사 2

팔만대장경 이운 경로 : 2006. 10. 9.

대장경 이운 경로에 자원 참석한 불교신도들

대장경 이운 경로 출발 준비 중인 불교신도들

대장경 이운 경로 출발하는 모습

이동 중인 병사역의 신도들

이동 중인 스님들

이운 중인 신당과 스님들

이동 중인 스님들 행렬

이동 중 중간의 쉼터에서 휴식하는 스님들

대장경 운구 보살행렬

대웅전 앞 스님들과 보살님들 행렬

장경각 입구의 스님들 행렬

장경각 입구의 보살님들 행렬

합천 해인사 3

대장경 유네스코 등재기념: 2007. 8. 18.

해인사 해탈문

김혜순 한복 발표회 단체사진

관음보살 한복

관음보살 한복

궁중예복 아나운서 이보희

궁중예복

궁중예복

궁중예복

기생한복 탤런트 이재은

기생한복과 한량복

생활한복 탤런트 강부자

생활한복

일반한복과 동자승복

일반한복

합천 해인사 4

비로자나데이 : 2008. 8. 2.

공연 장면

북춤 공연

만다라 탑돌이

연등 탑돌이

경상북도 편

구미 대둔사　　봉화 청량사

영주 부석사　　의성 고운사

청도 유등제

구미 대둔사

다문화가족 돕기 : 2009. 4. 4.

대웅전 부처님께 예불

부처님께 예불

다문화 가족 부채춤 1

다문화 가족 부채춤 2

봉화 청량사

산사음악회 : 2003. 9. 27.

청량사 다원에서 바라본 풍경

산사음악회 준비 중인 무대 모습

산사음악회 준비에 바쁜 청량사 전경

해가 진 후 시작된 음악회 야경

구석구석 경사진 곳에 빼곡히 들어선 관중들

영주 부석사

화엄축제 : 2005. 10. 8.

경판이운 경로

만다라 무한도 행진 1

만다라 무한도 행진 2

만다라 무한도 행진 이운경로

무량수전 자원봉사 보살님들 단체 사진

부석사의 석양 속의 가족들

산사음악회 승무 공연

의성 고운사

산사음악회 : 2008. 7. 10.

주지 스님 인사말

부처님께 예불

청도 유등제

청도천 유등제 : 2009. 3. 27.

바라춤 예불

청도천 연등 유등

대구광역시 편

대구 동화사

대구 동화사

봄맞이 산사음악회 : 2009. 3. 1.

음악회 공연 전경

살풀이춤

살풀이춤

북춤

점심공양 기다리는 신도들

서울특별시 편

강남 봉은사 1   강남 봉은사 2   강남 봉은사 3

강북 도선사 1   강북 도선사 2   강북 화계사

관악 관음사   노원 기원사   동대문 운동장

서대문 봉원사   성북 심곡암 1   성북 심곡암 2

영등포 여의도   종로 조계사 1   종로 조계사 2

종로 조계사 3   종로 조계사 4

강남 봉은사 1

부처님 오신날 : 1993. 4. 26.

촛불연등과 가족

촛불연등과 어린이들

촛불연등과 어린이의 정성

강남 봉은사 2

부처님 오신날 : 2000. 4. 23.

대불 연등 전경

대불 연등 대불 후면

강남 봉은사 3

불우이웃 김장축제 : 2009. 11. 24.

김치 버무리는 자원봉사

김치 포장하는 자원봉사

김치 버무리는 자원봉사

배추 씻는 자원봉사

강북 도선사 1

부처님 오신 날 : 1991. 5. 21.

장독대와 예불보살 1

장독대와 예불보살 2

강북 도선사 2

부처님 오신 날 : 2004. 5. 26.

도선사 해지기 전 연등 모습

도선사 해가 진후 연등 야경

주지 스님의 관욕

수녀님의 관욕 1

수녀님의 관욕 2

연등 속 예불기도

대웅전 앞 예불드리는 신도들

강북 화계사

불우이웃돕기 김장축제 : 2009. 11. 26.

김치 버무리는 봉사활동

배추 씻는 봉사활동

김치 버무리는 봉사활동

배추 씻는 봉사활동

김치 버무리는 봉사활동

땅속 항아리에 김치 저장

관악 관음사

자연과 함께하는 음악회 : 2003. 4. 17.

풍물패의 사물놀이 1

풍물패의 사물놀이 2

풍물패의 사물놀이 3

무료경로잔치

야외잔치 전경

노원 기원사

경축 문화한마당 : 2009. 5. 7.

문화재 지정 회주 지연 스님, 노원구청장

문화재 지정 탱화

합창단 합창

국악인 박애리, 임현빈 판소리

동대문 운동장

부처님 오신 날 : 2000. 5. 7.

동자승 단기출가 첫나들이

동대문운동장 공연행사 1

동대문운동장 공연행사 2

동대문운동장 공연행사 3, 철거직전 마지막 행사

관욕예불 1

관욕예불 2

서대문 봉원사

영산재 : 2010. 6. 6.

시제단 앞 바라춤

시제단 앞 바라춤

예불

공양배식

공양배식

바라춤 예불

성북 심곡암 1

단풍문화축제 : 2005. 10. 27.

현대무용

부채춤(이영빈 무용단)

경기민요 판소리와 하유 스님 춤사위

성북 심곡암 2

산꽃축제 : 2010. 5. 6.

꽃차 종류

계단 위의 관중들

다도 시연 1

다도 시연 2

선비의 다도 시연

주지 스님의 서예 시연

영등포 여의도

여의도 연등행사 : 2003. 5. 5.

여의도 연등. 바지선에 10만 연등

한강변으로 예인

유람선이 지나가는 장면

종로 조계사 1

부처님 오신 날 : 2000. 5. 7.

연등 만들기

장승 만들기

종로대로 길거리 바라춤

종로 조계사 2

동자 삭발수계식 : 2009. 4. 19.

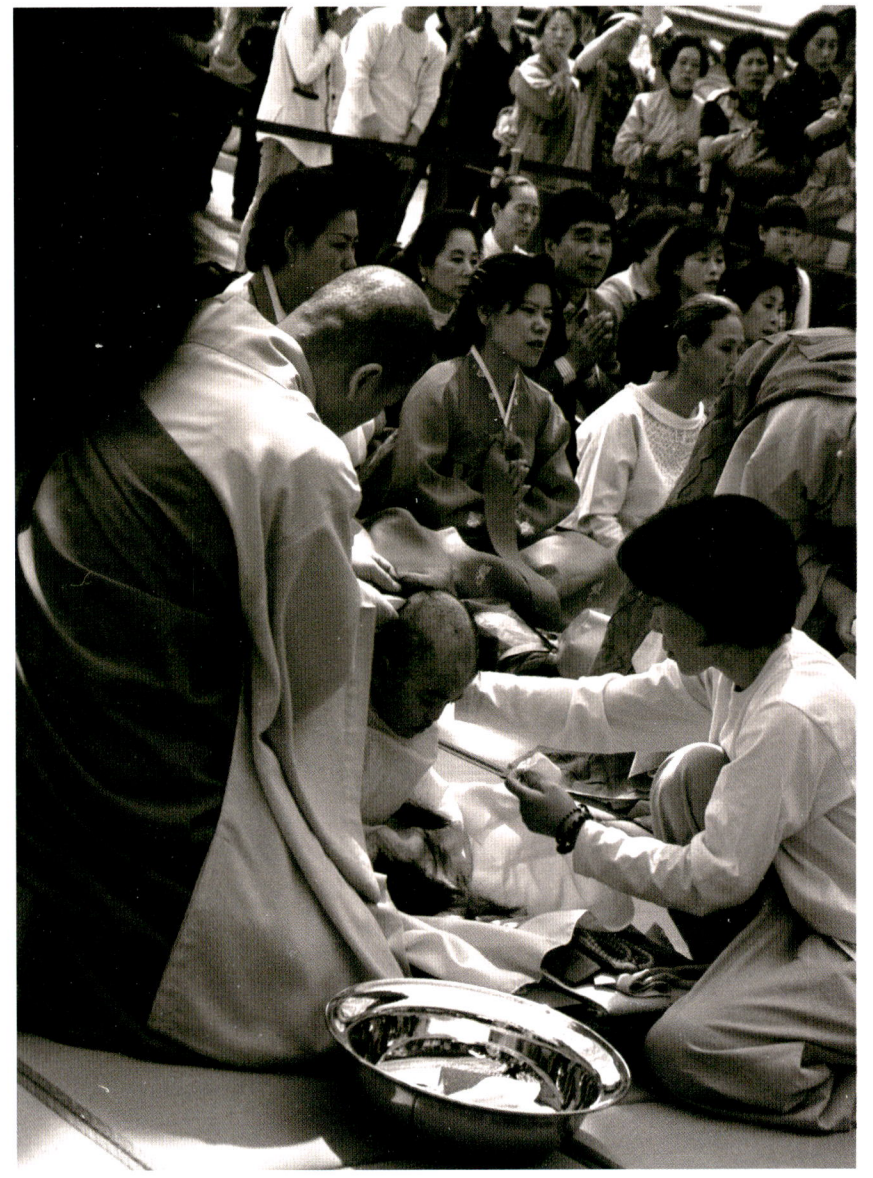

삭발 2

동자들 삭발 1

삭발 3

삭발 4, 잘 참아내는 동자

삭발 5. 머리카락이 뜯겨 짜증난 동자와 당황한 스님

삭발 6. 다시 시작한 삭발, 의젓하게 참는 모습

삭발 7. 잘 참아낸 동자의 의젓한 모습

삭발 8. 동자의 옷깃을 여며주는 스님

삭발 9, 삭발이 모두 끝이 난 동자승들

삭발 10, 종정 스님의 법문을 듣는 동자승들

삭발 11. 조계종 종정 법전 스님의 수계를 받는 수계식

종로 조계사 3

동자승 나들이 : 2009. 4. 20.

동자승 나들이 1

동자승 나들이 2

종로 조계사 4

행복나눔 김장행사 : 2009. 11. 13.

총무원장 자승 스님외 일행들 행사장 이동장면

행사장 도착 내빈들

김장 행사, 대오 스님, 김현배 목사, SK 정만원 사장, 총무 원장 자승 스님, 김근상 주교.

김장 행사, 김현배 목사, SK 정만원 사장, 총무원장 자승 스님, 김근상 주교, 김재열 신부

김치 버무리는 자원봉사 보살님들

김치 맛보라고 권하시는 보살님

세종특별자치시, 인천광역시 편

세종 비암사　　세종 영평사 1

세종 영평사 2　　강화 전등사

세종 비암사

백제대제 : 2009. 4. 1.

백제대제 행사 전날 사찰의 연등 모습

괘불과 차례단 앞의 법고 치는 스님

괘불 앞에서 바라춤

백제대제 시작을 알리는 범종 타종

백제대제 시작을 알리는 비암사 전경

세종 영평사 1

구절초축제 : 2004. 10. 2

법고 치는 노스님

노스님의 승무 춤사위

법고 치는 노스님

한국무용

세종 영평사 2

구절초축제 : 2006. 10. 15.

가곡 및 국악 연주

가야금 병창 연주

구절초축제 다문화 템플스테이 외국인들

구절초에 묻힌 공양간 옆 공양 모습

장독대 속에서 공양하는 모습

인천 강화전등사

산사음악회 : 2007. 7. 24.

처마 밑의 목각상

갑자기 쏟아진 빗줄기에 당황한 연주자들과 관중들

전라남도 편

강진 백련사	구례 불락사	구례 사성암
구례 화엄사 1	구례 화엄사 2	보성 대원사
순천 선암사	순천 송광사 1	순천 송광사 2
여수 향일암	영암 도갑사	함평 용천사
해남 대흥사 1	해남 대흥사 2	해남 미황사 1
해남 미황사 2	해남 미황사 3	화순 개천사
화순 운주사 1	화순 운주사 2	

강진 백련사

산사음악회 : 2006. 10. 21.

만덕산 위에서 바라본 백련사 전경, 일몰 직전 모습

산 위에서 바라본 백련사 공연 야경

음악회 공연 가수 이승기

만덕산 위에서 바라본 강진만 야경

구례 불락사

불교예술대제 : 2008. 7. 10.

국악 판소리 공연

구례 사성암

부처님 오신 날 : 2008. 7. 10.

대웅전 앞 연등

사성암 약사전 연등　　　　　사성암 약사전과 대웅전 앞 연등

약사전 오르는 계단

구례 화엄사 1

십만연등법회 : 1996. 9. 26.

단풍 속의 연등법회, 일몰 직전 화엄사 전경

연등 불 밝히기 직전 각황전 앞

연등의 불을 밝힌 직후 사찰 전경

각황전과 대웅전 앞 연등을 밝힌 모습

구례 화엄사 2

화엄영생음악회 : 2006. 11. 18.

영생음악회 전경

음악회 공연 장면

반대편에서 바라본 각황전 전경

보성 대원사

불교문화축제 : 2004. 5. 8.

바라춤 예불

법고 치는 스님

연지못의 연등반영

연지문의 연등

순천 선암사

다례재 : 2011. 4. 5.

부도밭 다례재

부도밭 바라춤

부도밭 탑돌이 예불

부도밭 바라춤 예불

대웅전 앞 바라춤 예불

대웅전 앞 탑돌이 예불

순천 송광사 1

기러기행보 : 2004. 12. 25.

법당에서 강원으로 이동

법당에서 강원으로 이동

순천 송광사 2

기러기행보 : 2011. 6. 25.

법당에서 강원으로 이동

법당에서 강원으로 이동

여수 향일암

새해일출예불 : 2002. 12. 28.

해수관음보살과 새해 일출 예불

사찰의 기와 시주 보살

영암 도갑사

도선국사 추모다례제 : 2006. 11. 12.

도선국사 영정 이운

영정 이운 행렬

국사전 앞 바라춤 예불

사찰음식 강연, 선재 스님

함평 용천사

꽃무릇축제 : 2005. 9. 18.

꽃무릇 속의 석불

죽어가는 고목에도 새로운 생명이

사찰 뒤편의 꽃무릇 군락지 전경

해남대흥사 1

초의문화제 : 2006. 11. 4.

국악 소고춤

악단 연주

해남 대흥사 2

서산대재 : 2012. 4. 16.

서산국사 신당이운

서산국사 신당이운 행렬

국사전 앞의 서산대재 행사 1

국사전 앞의 서산대재 행사 2

청소년들 서예 대회

어린이들 글짓기 대회

어린이들 미술대회 1

어린이들 미술대회 2

해남 미황사 1

괘불재 : 2003. 10. 26.

괘불 올리는 장면, 괘불 보물 1342호

괘불이 설치된 장면

괘불재 바라춤 예불

괘불재 바라춤 예불

노을 속의 연등 점화

해남 미황사 2

괘불재 : 2004. 10. 2.

범종각 준공기념 예불 및 타종

괘불 올리는 장면, 괘불 보물 1342호

괘불 설치 후 예불 및 법문

행사 하루 전 연등 거는 작업

일몰 직전 달마산에서 바라본 사찰 전경

달마산에서 바라본 미황사 야경

해남미황사 3

괘불재 : 2011. 10. 8.

행사당일 오전 일찍 사찰의 연등 전경

응진전에서 바라본 연등

노보살님들의 공양시간

공양간의 자원봉사 보살님들

대웅전에서 괘불을 꺼내는 장면

괘불을 메고 당간지주로 옮기는 순서

괘불을 메고 옮기는 거사들

당간지주 앞에 도착한 괘불

괘불을 설치 중인 거사들과 법고 치는 스님

괘불 설치 후의 법문과 예불

화순 개천사

독거노인 경로잔치 : 2009. 10. 28.

잘 차려진 공양간과 어린애의 호기심

공양간의 자율배식

달마도 시연, 도원 안창호 서예가

살풀이춤(진혼곡) 이애숙 교수

살풀이춤(진혼곡) 이애숙 교수

화순 운주사 1

운주문화축제 : 2003. 11. 2.

안개 속에 묻힌 운주사의 새벽녘

새벽녘에 법당을 찾은 보살님의 예불

와불 앞의 기도하는 신도보살

화순 운주사 2

운주문화축제 : 2008. 11. 1.

떡메 치기

탑돌이 연등 행렬

칠층석탑과 연등

칠층석탑과 연등

전라북도 편

고창 선운사 1

고창 선운사 2

고창 선운사 3

고창 선운사 4

김제 흥복사

부안 내소사

고창 선운사 1

선운문화제 : 2004. 9. 11.

빗속의 공연과 관중들

처마 끝에 떨어지는 낙수 줄기

고창 선운사 2

선운문화제 : 2005. 9. 24.

천상지연 관음무

빈틈 없이 빼곡히 들어선 관중들

고창 선운사 3

선운문화제 : 2006. 9. 30.

방송사측의 촬영금지로 선운산 수리봉에서 촬영한 공연 야경

고창 선운사 4

선운문화제 : 2009. 9. 19.

보은염 이운 과정 재현

보은염 이운 과정

사물놀이패들

사물놀이패들

사찰 앞에 도착한 보은염 소수레

주지 스님께 보은염 시주

김제 흥복사

국악음악회 : 2007. 7. 20.

한국무용 부채춤

국악 가야금 병창

부안 내소사

산사음악회 : 2008. 4. 12.

가야금 병창

공연 타악기 연주

관광객 조사당 앞 기념촬영

산 벚꽃이 만개한 내소사의 봄 야경

대금 연주, 무형문화재 이생강 국악인

충청남도 편

공주 갑사	공주 마곡사 1
공주 마곡사 2	공주 마곡사 3
공주 마곡사 4	금산 보광사
논산 관촉사	서산 부석사
서산 서광사	천안 각원사 1
천안 각원사 2	천안 광덕사
천안 구룡사	천안 은석사

공주 갑사

영규대사기일 추모제 : 2008. 10. 25.

영규대사 기일 추모제

추모 진혼곡 연주

예불

공연 가수 정훈희

공연 가수 김종환

공주 마곡사 1

신록축제 : 2006. 4. 29.

연등 탑돌이 예불

관음무 연변대 무용과 교수 1   관음무 연변대 무용과 교수 2

유등 띄우기

야간 탑돌이 예불

공주 마곡사 2

신록축제 : 2007. 4. 21.

합창단 찬불가 및 예불

참석한 스님들

발레, 충남대 조윤라 무용단

발레, 충남대 조윤라 무용단

부채춤, 인천전문대 이은주 무용단

승무, 인천전문대 이은주 무용단

공주 마곡사 3

행복나눔 김장한마당 : 2009. 11. 24.

김장 행사, 자원봉사 보살님들

행사로 잠시 대기상태인 모습

행사 경과보고 및 진행 과정

참석한 내빈들, 주호영 정무장관, 이완구 도지사, 주지 원혜 스님, 총무원장 자승 스님, 이준원 시장, 심대평 의원

자승 스님 이완구 도지사 김치 맛보이기

자승 스님 주호영 정무장관 김치 맛보이기

자승 스님과 주호영 장관 대화

자원봉사 김치 버무리는 보살님들

공주 마곡사 4

다문화 템플스테이 : 2010. 4. 10.

다문화가족 템플스테이 법고대회 참석

법고 대회 1　　　　　　법고 대회 2

법고 대회 3

법고 대회 4

법고 대회 5   시주 기와에 불경 필사

금산 보광사

임동창풍류놀이 : 2009. 8. 29.

피아니스트 임동창, 비파 투샨씨앙 북경대 교수

피아니스트 임동창 연주

사쿠하치 연주, 일본 즉심회 주지, 야노시쿠

비파 연주, 북경대 교수 투샨씨앙

거문고 연주, 윤은자

판소리 명창 조주선, 임동창 피아노 반주

논산 관촉사

산사음악회 : 2008. 8. 15.

은진미륵불 앞 빗속의 공연

은진미륵불

서산 부석사

산사음악회: 2009. 10. 10.

공양간 모습

민요열창, 태평가 등

선무, 이영빈 무용단

서광사 주지 도신 스님과 색즉시공팀

서산 서광사

봄맞이 산사음악회 : 2009. 4. 18.

진행자, 강수정

선무, 이영빈 무용단

천안 각원사 1

범음음악제 : 2009. 5. 9.

청동대불 야간조명

불교합창단 찬불가

공연 시작 범종 타종

범종각 쪽에서 바라본 공연 장면

천안 각원사 2

청동대불 관욕식 : 2010. 5. 8.

관욕차 대불로 향하는 보살님들

청동대불 예불

노보살의 정성

노보살님들 예불

보살님들 정성

천안 광덕사

반딧불 가족음악회 : 2009. 5. 23.

남해용문사 주지, 성전 스님 책 사인회

사회 성전 스님, 가수 유지나

불교찬불가 합창단

천안 구룡사

법화경 사경봉안식 : 2008. 11. 8.

공양간 모습

사경봉안 탑돌이 예불

많은 신도들 법문 예불 참석

법화경 사경

천안 은석사

진달래축제 : 2009. 4. 5.

대웅전 준공

달마도 시연 1, 정현 스님

달마도 시연 2, 정현 스님

달마도 시연 4, 완성된 모습

달마도 시연 3, 정현 스님

충청북도 편

괴산 흥천사	단양 광덕사
보은 법주사	영동 반야사
영동 영국사	옥천 가산사
옥천 대성사	청주 무심천

괴산 흥천사

나옹선사 천복문화제 : 2009. 8. 1.

지장전 사물놀이패 공연

서예 시연, 리홍재 원장

비구니 스님 걸게 싯귀 감상

단양 광덕사

단풍문화축제 : 2004. 10. 9.

한산한 공연장 모습

서예 시연, 리홍재 원장　　　　　　　　　서예 시연, 리홍재 원장

보은 법주사

사찰음식 페스티벌 : 2010. 4. 23.

청동대불

스님들 음식 미리 맛보기

도토리묵 쌈밥

야채나물 튀김

메밀새싹 전병

진달래 부꾸미 재료준비

삼색토마토 만두

버스가 도착해 단체로 방문하는 신도들

영동 반야사

난계국악축제 : 2008. 8. 22.

승무

승무, 열연 흔적

스님 바라춤, 열연 흔적

국악공연

영동 영국사

난계국악축제 : 2007. 8. 30.

승무, 비로 인해 대웅전 내에서 공연

스님의 바라춤

빗속의 국악 판소리 공연

옥천 가산사

단군문화제 : 2009. 10. 17.

당산나무 차례, 유교 방식

살풀이춤(진혼곡) 유애숙 교수

살풀이춤(진혼곡) 유애숙 교수

옥천 대성사

다문화가족 : 2006. 9. 23.

범종각에서 부침개 요리

공연, 가수 임주리

청주 무심천

심천 유등문화제 : 2009. 9. 4.

스님들 바라춤 예불

스님들 바라춤 예불

스님들 바라춤, 법고 예불

연등 정리하는 보살님

참석하신 내빈들